Huiles essentielles pour le Chat et le Chien

Marie-Hélène Cloutier

Première impression 2019

Dépôt légal – Bibliothèque et Archives nationales du Québec, 2019

ISBN 978-2-9818268-00

Vision Avenir
965 route 230
Saint-Alexandre-de-Kamouraska,
Québec, Canada, G0L 2G0

www.vision-avenir.com

Table des matières

À Propos de l'auteure

J'ai eu la chance de partager ma vie avec les animaux et ce, depuis ma naissance. Nous avons toujours eu au moins un chien et quelques chats avec nous à la maison, sans compter les chevaux qui m'accompagnent maintenant depuis plusieurs années. Toute jeune je voulais devenir vétérinaire pour pouvoir m'occuper d'eux. Par contre, en grandissant, je me suis aperçue que je n'aimais pas le sang, et que malheureusement, être vétérinaire comporte aussi la lourde tâche d'euthanasier des animaux qui sont parfois encore en parfaite santé.

J'ai donc pris une autre voie, mais qui me ramène toujours aux animaux ! J'ai tenu un salon de toilettage pendant un certain temps. J'ai suivi diverses formations en alimentation, psychologie animal et communication animale. Actuellement, je suis aussi propriétaire d'une boutique équestre qui comporte un département d'accessoires pour petits animaux et l'alimentation complète pour animaux de compagnie et animaux de ferme.

Mon désir de prendre soin des animaux est toujours présent. La santé et le bien-être de ces derniers passent aussi par l'éducation, le partage des connaissances et des expériences. C'est pourquoi j'offre aussi des ateliers de formation et que bien sur j'écris !

J'espère que ce livre sera un guide pour vous et qu'il vous aidera à prendre soins de vos animaux.

Au plaisir de partager à nouveau avec vous !

Marie-Hélène Cloutier

Mise en garde

1.1 Ce livre ne remplace pas votre vétérinaire !

Il est important de comprendre que les informations données dans ce livre sont présentées à titre éducatives sur l'utilisation des huiles essentielles. Cela ne remplace pas votre vétérinaire. Aucun diagnostic ou prescription n'est fourni. En cas de doute ou de problèmes sérieux, consulter votre vétérinaire. Les huiles essentielles peuvent être utilisées en complément d'un traitement mis en place par votre vétérinaire. Parlez-en avec lui. De plus en plus de vétérinaire sont ouverts aux huiles essentielles et à leur bienfait.

1.2 Comment choisir son huile essentielle

Il est important de choisir une huile essentielle de haute qualité pour les petits animaux car ces derniers sont très réceptifs. Ainsi, une huile qui contiendrait par exemple des solvants pourrait être dangereuse pour votre animal. Comment s'y retrouver avec toutes les marques disponibles sur le marché ? En effet pas facile, car la plupart indique « pure et naturelle » sur leur contenant alors que cette description peut être franchement discutable et très différente d'une compagnie à l'autre ! Notons qu'à l'heure actuelle, il n'y a pas de règles strictes qui gèrent les huiles essentielles et que la plupart sont classées dans la catégorie des parfums et non dans la catégorie thérapeutique.

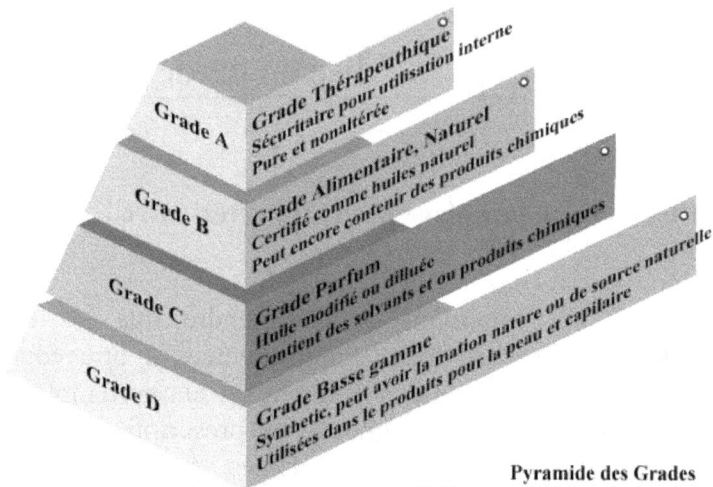

Pyramide des Grades
Huiles essentielles sur le marché

Il est évident qu'une huile de grade C ou D n'est vraiment pas approprié pour nos animaux et n'est clairement pas de la même qualité qu'une huile pour utilisation interne ou pour soins thérapeutiques ! Il ne faut pas oublier que le chien, et principalement le chat, font leur toilette en se léchant, donc par conséquent l'huile que vous appliquerez sur le pelage risque de se retrouver tout de même à l'interne ! Ainsi, une huile qui aurait dans sa composition des solvants ou tout autre produits chimiques pourrait être dangereuse, voir même mortelle pour votre animal. Ainsi, les informations de ce livre sont basées sur des huiles de grade « A », donc thérapeutique.

Ainsi, pour ma part, je recherche une huile qui répond en premier aux critères suivants :

-Doit être approuvé par Santé Canada, et pas juste comme parfum, donc s'assurer que l'approbation reçue était pour un grade supérieur (A).

-Si vous consultez le site internet de la compagnie et qu'il est écrit un peu partout « en cas d'ingestion appeler immédiatement le centre antipoison », c'est que le produit n'est pas si pur que cela et peut être très nocif pour votre animal, donc à éviter absolument !

-Est-ce que la compagnie est reconnue ?

-Est-ce que la compagnie est supportée par des spécialistes (vétérinaires, médecins, pharmaciens, etc.) ?

-Est-ce que la compagnie offre un service à la clientèle facile à rejoindre et dans votre langue ?

-Est-ce que la compagnie garantie ses produits ?

-Quelle est la méthode d'extraction de l'huile essentielle ? Quel sont les tests effectués ? Plus la compagnie est transparente, plus la qualité risque d'être au rendez-vous.

-On évite les huiles achetées sur des sites comme ebay, amazon, aliexpress qui proviennent généralement de pays comme la Chine, la Corée, le Japon etc... et contiennent très souvent des solvants et agent de conservation nuisibles pour la santé (ce qu'on retrouve dans les grades C et D).

-Pour ma part, je recherche une huile de grade A ou CPTG (Certifier Pure Thérapeutique Grade).

1.3 Avec les animaux, on dilue !!!

Il est important de toujours diluer vos huiles avec les animaux.

Pour une utilisation interne, donc par la bouche, on mélange avec de la nourriture, une gâterie, de l'eau ou une huile minérale. On évite autant que possible par voie interne avec le chat !

Pour utilisation sur la peau, donc topique, la dilution consiste à mélanger l'huile essentielle avec une huile porteuse. C'est quoi une huile porteuse ? C'est une huile neutre, comme une huile de coco fractionnée, une huile d'olive ou d'amande. Utiliser toujours une huile végétale.

Pourquoi pas de l'huile minérale ? Parce que l'huile minérale vient du sol, donc du pétrole. Elle est considérée comme synthétique après avoir reçu plusieurs raffinements et traitements. Donc si on veut rester dans le naturel et avoir un produit qui sera bien absorbé par l'organisme on évite autant que possible.

Certains animaux sont plus réceptifs que d'autres aux huiles essentielles. Il est conseillé de faire un test sur une petite partie de peau avant d'appliquer sur une plus grande surface. De plus, il vaut mieux commencer avec une huile plus diluée et augmenter un peu la concentration selon le besoin et selon la tolérance de l'animal. Le tableau suivant vous donne une indication sur les proportions à suivre. Il est possible que votre animal ait besoin d'un mélange plus dilué.

Diluez selon le tableau suivant pour le **chien** :

Poids du chien en lbs	% de dilution	Gouttes d'huile essentielle	Gouttes d'huile porteuse
0 à 25	75%	1 goutte	4 gouttes
26 à 45	50 à 75 %	1 à 2 gouttes	2 à 4 gouttes
46 à 75	50 %	2 gouttes	2 gouttes
76 à 90	25 à 50 %	2 à 4 gouttes	1 à 2 gouttes
90 à 150	25 %	4 gouttes	1 goutte
150 et +	0 à 25%	4 gouttes	0 à 1 goutte

Diluez selon le tableau suivant pour le **chat** :

Poids du chat En lbs	% de dilution	Gouttes d'huile essentielle	Gouttes d'huile porteuse
Peu importe le poids !	75%	1 goutte	4 gouttes

N'oubliez pas le chat est plus sensible aux huiles essentielles que le chien. Il et donc toujours mieux d'en mettre moins que trop !

1.4 Attention huiles chaudes

Certaines huiles sont dites chaudes, comme la Cannelle, le Clou de girofle, le Thym, le Romarin et l'Origan. Cela signifie qu'elles sont plus susceptibles de causer un inconfort, voir même une irritation. Il faut donc diluer encore plus !!!

Si vous remarquez que votre animal réagi à une huile, qu'elle cause une irritation, une plaque rouge, un inconfort, etc., il faut toujours ajouter de l'huile porteuse pour annuler l'effet. Jamais mettre de l'eau, car l'eau ne se mélange pas à l'huile. Ainsi vous risqueriez de simplement faire « glisser » l'eau sur l'huile, sans diminuer l'effet indésirable !

1.5 Ne pas mettre d'huile aux endroits suivants

On ne met jamais d'huile dans les yeux, le nez, les oreilles ou les parties génitales de l'animal.

En cas de contact avec les yeux, rincer avec de l'huile porteuse neutre et non de l'eau.

1.6 Huiles essentielles à éviter avec le chien

On évite les huiles suivantes avec le chien :

- Brich
- Citron (si utilisé, il doit être très dilué)
- Clou de girofle
- Melaleuca (Arbre à thé), peut être utilisé selon le cas, mais en très petite quantité. Idéalement en mélange avec d'autres huiles.
- Origan (si utilisé, il doit être très dilué)
- Sapin de Douglas

- Thym
- Wintergreen (Gaulthérie couchée)

1.7 Huiles essentielles à éviter avec le chat

On Évite les huiles suivantes avec le chat :

- Aneth
- Basilic
- Bouleau
- Camomille Romaine
- Cannelle
- Clou de girofle
- Cyprès
- Fenouil
- Melaleuca (Arbre à thé)
- Menthe Poivrée
- Menthe Verte
- Origan
- Pettigrain
- Romarin
- Sapin blanc
- Sapin de Douglas
- Thym
- Vétiver
- Wintergreen (Gaulthérie couchée)
- Tout ce qui contient du citron

1.8 Précautions additionnelles

Pour les chiots de moins de trois mois, diluer en raison d'au moins 1 goutte d'huile dans 30 à 45 ml d'huile porteuse.

Pour les chiots de trois à six mois, les vieux chiens, les chiennes enceintes et les chiens souffrant de maladie, doubler la dilution du tableau présenté précédemment.

Ne pas donner de produit qui contient du Xylitol comme le dentifrice pour humain.

Ne pas donner d'huile essentielle typiquement en même temps qu'un autre traitement qui s'applique aussi sur la peau, comme des « patch ».

1.9 Conservation de vos huiles essentielles

Conservez vos huiles dans un endroit frais et à l'abri de la lumière.

Pour la confection de vos recettes, évitez tous les plats et ustensiles en métal. Pour conserver vos mélanges, utiliser un contenant en verre idéalement ambré pour les protéger de la lumière.

Et si on entrait dans le sujet des huiles ?

2.1 Comment les utiliser ?

Selon le type d'huile il est possible de l'utiliser de trois façons :

-**Aromatiquement** : donc ici on utilise l'odeur ! Généralement utilisé à l'aide d'un diffuseur. Il est aussi possible d'utiliser un bout de tissus, un foulard ou un collier en nylon imbibé d'huile, ou un bijou conçu pour cela. Il est aussi possible de mettre une ou deux gouttes sur le coussin ou le panier de l'animal. N'enfermez jamais votre animal dans une pièce avec un diffuseur. Il doit être libre de circuler et de s'en aller plus loin si cela l'incommode. Pas plus de 4 gouttes d'huile essentielles à la fois (même dans un diffuseur) car leur nez est très sensible aux odeurs. On diffuse environ entre 20 à 40 minutes à la fois et non en continu.

-**Topiquement** : c'est à dire sur la peau ! On tente d'appliquer là ou l'animal a moins de chance de se lécher, donc derrière la nuque. Si on veut traiter une blessure à une zone bien précise, on applique l'huile à cet endroit. N'oubliez pas, diluer (voir tableau précédent).

-**Interne** : donc c'est une huile qui sera prise par la bouche, généralement mélangée à de l'huile végétale ou avec des aliments (nourriture humide ou gâterie). Il est aussi possible de mettre 1 à 2 gouttes d'huile dans 2 tasses d'eau. Une à deux gouttes à la fois pour le chien. On évite autant que possible à l'interne avec le chat, donc attention si vous avez plus d'un animal et que vous le mettez dans le bol d'eau ou de nourriture!

Il est aussi possible d'utiliser des capsules végétales dans lesquelles vous mettrez l'huile essentielle pour ensuite la faire avaler à votre chien (pas avec le chat.)

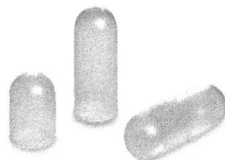

Capsules végétales

Pour chaque huile, il sera présenté comment l'utiliser avec les lettres suivantes, donc **A** = Aromatique, **T** = Topique et **I** = Interne. Certaines huiles peuvent être utilisée de plus d'une manière, donc allez-y avec celle qui vous convient le mieux.

Observez toujours votre animal après utilisation des huiles. Les huiles essentielles font effet rapidement, donc si une réaction survient, elle devrait être visible dans les 20 minutes suivant l'utilisation. Cessez si l'un des effets suivants survient : détresse, bave, plisse les yeux, se frotte le visage, vocalisation, tremblements, vomissements et diarrhée.

2.2 Plusieurs huiles essentielles pour la même utilité

Plusieurs huiles peuvent avoir la même fonction. Il est donc possible de choisir différente fragrance selon votre goût et celui de votre animal ! Pourquoi ne pas laisser choisir votre chien ? Présentez-lui doucement le bouchon de votre pot, ou mettre une goutte sur votre main. S'il branle de la queue joyeusement, ou s'il cherche à lécher, c'est qu'il aime. À l'inverse, s'il vous évite il n'aime pas !

Attention, le chien a un très bon odorat, donc si vous lui faites sentir plusieurs huiles l'une à la suite de l'autre, l'odeur des précédentes peuvent rester dans l'air et fausser votre analyse ! De plus, si vous lui présentez une huile qui a une forte odeur comme l'origan, il est fort à parier qu'il n'appréciera pas cette huile et de les prochaines que vous lui ferez sentir, ne lui plairont pas non plus car il aura encore cette odeur dans le nez !

Pour ce qui est du chat, n'attendez pas qu'il vous donne des signes comme quoi il apprécie une odeur plus que l'autre. Le chat n'est pas un très grand démonstratif, et plutôt capricieux, il n'est pas très ouvert aux découverte olfactives ! Il est fort à parier qu'il vous ignorera complètement ou qu'il s'en ira plus loin.

Les huiles les plus utilisées

3.1 Balance (A-T)

- Relaxant
- Favorise l'équilibre mental et émotionnel
- Sommeil réparateur
- Soutien le système nerveux
- Soulage l'anxiété

3.2 Baie de Genévrier (Jupiter Berry) (A-T)

- Soutien le système digestif, nerveux
- Bon pour la peau
- Soutien les voies urinaires et les fonctions rénales.
- Soutien le foie.
- Détoxifiant

3.3 Bergamote (A-T-I)

- Température
- Problème digestif
- Antibactérien et antiseptique
- Infection urinaire
- Soin de la peau
- Anxiété et depression
-

3.4 Bois de cèdre (A-T)

- Problème respiratoire
- Problème de peau
- Problème urinaire

3.5 Camomille Romaine (A- T)

- Allergie
- Diarrhée
- Nausée
- Problème de peau
- Calmant

3.6 Citronnelle (Lemongrass) (T-I)

- Santé de la vessie
- Supporte le système immunitaire
- Thyroïde (surproduction)
- Parasite intestinaux
- Muscles et tendons
- Balance hormonale
- Antifongique

3.7 Copaïer (A-T)

- Anti-inflammatoire
- Douleur
- Problème de peau
- Supporte le système immunitaire

- Supporte le système cardiovasculaire
- Supporte le système respiratoire
- Calme

3.8 Curcuma (A-T-I)

- Antiparasite
- Allergie
- Aide à la digestion
- Anti-inflammatoire
- Aide à la santé dentaire

3.9 Easy Air (Breath) (A-T)

- Dégage les voies respiratoires
- Ronflement
- Toux
- Meilleur sommeil
- Allergie
- Infection des sinus

3.10 Encens (Frankincense) (A-T-I)

- Favorise la santé et les fonctions cellulaires
- Santé de la peau
- Relaxant
- Équilibre de l'humeur
- Apaise la douleur
- Soutien le système nerveux et immunitaire
- Cancer

Vous ne savez pas quelle huile utiliser, l'encens sert à presque tout !!!

3.11   Eucalyptus (A-T)

- Supporte le système respiratoire
- Antibactérien et antiviral

3.12   Hélichryse (A-T)

- Antifongique
- Antimicrobien
- Supporte le système respiratoire
- Problème de peau
- Douleur
- Anti-inflammatoire
- Circulation sanguine et hypertension

3.13   Intune (T)

- Concentration
- Calmant
- Contrôle le stress et l'hyperactivité
- Anxiété et dépression

Appliquer à la base du crâne pour favoriser la concentration lors de l'entrainement, de promenade, ou l'apprentissage de nouvelles choses.

3.14 Lavande (A-T-I)

- Calmant, relaxant
- Apaise les démangeaisons de la peau
- Soulage l'anxiété au toilettage, en voiture, etc.
- Aide à un meilleur sommeil
- Égratignures
- Coup de soleil
- Soulage les piqures d'insecte
- Conjonctivite

3.15 Marjolaine (T)

- Réduction de la douleur.
- Pression sanguine
- Les fonctions du pancréas.
- Anti-inflammatoire

3.16 Menthe Poivrée (A-T-I)

- Fièvre
- Douleur
- Anti-Inflammatoire
- Allergie
- Circulation sanguine
- Problème respiratoire
- Digestion
- Aide à éliminer les parasites intestinaux

3.17 On Guard (A-T-I)

- Soutien le système immunitaire
- Antioxydant
- Abcès, bactéries, virus
- Désinfectant

Utiliser comme nettoyant tout usage dans la maison, car il est sécuritaire pour vos animaux et efficace pour désinfecter.

3.18 Origan (A-T-I)

- Anti-inflammatoire
- Antibiotique naturel
- Antifongique
- Antimicrobien
- Antiparasite

3.19 Serenity (A-T)

-Calmant, relaxant
-Soulage l'anxiété au toilettage, en voiture, etc.

3.20 TerraShield (T)

- Anti-moustique
- Santé cellulaire
- Trouble de la peau
- Protection solaire lorsque utilisé avec la lavande et l'hélichryse
- Éloigne les tiques et les puces

Appliquer sur le pelage avant d'aller à l'extérieur. Vous pouvez aussi utiliser un pulvérisateur avec de l'eau pour appliquer (bien agiter).

3.21 Ylang Ylang (A-T-I)

- Calmant
- Réduit l'anxiété
- Pression sanguine
- Problème respiratoire

3.22 ZenGest (T-I)

- Maintenir une digestion saine
- Aide à réduire les ballonnements, les gaz et les indigestions
- Soulage les malaises en voiture
- Indigestion
- Boules de poils chez le chat

Appliquer sur le ventre, en diluant. Peut-être donné à l'interne par la bouche avec le chien. Avec le chat, en cas de problème digestif plus grave ou de boules de poils, appliquer une très petite goutes entre les doigts de pattes en massant doucement. Le chat lèchera l'excédent.

Quelques petites recettes

4.1 Arthrite et douleur, chez le chien

- 25 ml d'huile de coco fractionnée
- 1 goutte de Romarin
- 1 goutte de Lavande
- 1 goutte de Gingembre

Mélanger les ingrédients dans une bouteille. Appliquer sur l'articulation douloureuse. L'huile va pénétrer dans le poil.

Ou

- 1 à deux gouttes d'Encens (Frankincense)
- 1 à deux gouttes de Menthe Poivrée
- -Huile porteuse selon le tableau

Mélanger les ingrédients dans une bouteille. Appliquer sur l'articulation douloureuse. L'huile va pénétrer dans le poil.

4.2 Arthrite et douleur chez le chat

- 1 goutte d'Encens (Frankincense)
- 1 goutte de Marjolaine

- 13 gouttes d'huile de coco fractionnée

Mélanger et appliquer sur l'articulation douloureuse. L'huile va pénétrer dans le poil.

4.3 Pâte à dent pour chien

- 50 g de bicarbonate de sodium
- 50 g d'huile de coco fractionné
- 2 à 4 gouttes de Menthe Verte (selon la grosseur du chien)

Combiner les ingrédients dans un pot en verre. Brosser les dents du chien avec une brosse à dent.

4.4 Déodorant pour la litière du chat

- 400 g bicarbonate de sodium
- 3 gouttes d'huile essentielle au choix : Bois de cèdre, de Sauge Sclarée, ZenGest, Ylang Ylang ou de Baie de Génévrier.*

Combiner les ingrédients dans un contenant en vitre. Saupoudrer sur la litière.

*Si votre chat a tendance à avoir des problèmes urinaire, la Baie de Genévrier ou le Ylang Ylang serait une belle alternative. Pour les problèmes de digestion, constipation, ulcères d'estomac mettre le ZenGest.

4.5 Shampoing apaisant pour chien et chat

- 3 oz savon de castille
- 2 oz vinaigre de cidre de pomme, non pasteurisé et non filtré
- -1 oz de glycérine végétale
- 2 oz d'eau distillée
- 3 gouttes de Lavande
- 3 gouttes de Romarin

Bien mélanger et conserver dans un contenant en verre.

4.6 Vaporisateur anti-mastication

Mettre 5 à 6 gouttes de Cannelle, poivre noir ou citron dans une bouteille vaporisateur de 4 oz. Remplir le reste de la bouteille avec de l'eau. Bien agiter pour mélanger. Faites un test sur l'objet à protéger pour s'assurer que cela ne tachera pas. Vaporiser généreusement.

4.7 Infection à l'oreille pour le chat et le chien

- 1 goutte de Géranium
- 1 goutte de Lavande
- 1 goutte d'Encens (Frankincense)
- 1 goutte de Melaleuca (arbre à thé) ***PAS POUR LE CHAT
- Huile porteuse selon le tableau de dilution

Mélanger et à conserver dans un contenant en verre. Appliquer 2 à trois fois par jour au dos de l'oreille, jamais à l'intérieur de l'oreille.

4.8 Collier à puces

- 125 ml d'eau distillé
- 10 gouttes de Lavande
- 5 gouttes de Citronnelle (Lemongrass)
- 5 gouttes de Bois de cèdre
- 5 gouttes d'eucalyptus

Mélanger les ingrédients dans un bol. Tremper le collier de nylon dans le bol pour 20 minutes. Laisser sécher le collier avant de le mettre à votre animal. Refaire à toutes les 2 semaines environ.

4.9 Ulcères gastriques

- 1 à 2 gouttes ZenGest
- 1 à 2 gouttes Lavande
- 1 à 2 gouttes Myrrhe
- Huile porteuse selon le tableau

Appliquer sur le vendre de l'animal. Pour le chien, vous pouvez mettre 1 goutte de Citron dans son eau (pas s'il y a un chat à la maison !).

4.10 Hypothyroïdie (Thyroïde sous-active) chez le chien

- 5 gouttes de Citronnelle (Lemongrass)
- 2 gouttes d'Encens (Frankincense)
- 5 gouttes de Myrrhe.
- Huile porteuse selon le tableau

Appliquer 1 à deux fois par jour.

4.11 Maladie Cardiaque

- 1 à 2 gouttes Helichryse
- 1 à 2 gouttes Ylang Ylang
- Huile porteuse selon le tableau

Appliquer le mélange 1 à deux fois par jour.

Diffuser Easy Air ou Eukalisptus 20 à 30 minutes par jour.

4.12 Maladie rénale

- 1 à 2 gouttes de Baie de Genévrier
- 1 à 2 gouttes de Helichryse
- Huile porteuse selon le tableau

Appliquer 1 à deux fois par jour. Pour le chien, vous pouvez aussi appliquer 1 goutte de Ylang Ylang par jour. Pour le chat, ajouter la poudre à litière avec soit la Baie de Genévrier ou le Ylang Ylang.

4.13 Vermifuge

- 1 goutte de Curcuma
- 1 goutte d'Origan
- 1 goutte de On Guard

Pour le chien mettre 1 à 2 gouttes de ce mélange dans une nourriture humide. S'il aime cela, il peut aussi lécher vos mains.

Pour le chat, c'est vraiment minime, donc s'il aime le gout on trempe le bout de notre doigt dans le mélange et on le laisse lécher. S'il n'aime pas, c'est ½ goutte du mélange dans de la nourriture humide.

4.14 Infection de l'oreille et mites

- 15 gouttes de Lavande
- 15 gouttes d'Encens (Frankincense)
- 15 gouttes de Géranium
- 15 gouttes Basilic
- 10 goutes Arborvitae (Arbre de vie)

Mélanger toutes les huiles dans un flacon de 15 ml. Remplir le restant du flacon avec de l'huile de coco fractionné.

Tremper un coton tige ou une ouate dans le mélange. Écraser pour enlever l'excédent d'huile et nettoyer l'oreille. Ne pas aller plus loin que ce que vous pouvez voir ! Prendre un deuxième coton tige ou ouate sec et repasser pour assécher le plus possible l'oreille.

4.15 Infection fongique et bactérienne de la peau chez le chien

- 1 goutte de Citronnelle (Lemongrass)
- 1 goutte de Lavande
- 1 goutte de Géranium
- Huile porteuse selon le tableau

Appliquer 2 à trois fois par jour sur la région affectée.

4.16 Infection fongique et bactérienne de la peau chez le chat

- ½ tasse d'huile porteuse
- 6 gouttes de citronnelle (Lemongrass)
- 2 gouttes d'Encens (Frankincense)

Appliquer une très petite quantité du mélange 2 à trois fois par jour sur la zone affectée.

4.17 Vaporisateur contre les insectes, les puces et les tiques

- 40 à 50 gouttes de TerraShield
- 20 gouttes d'Eucalyptus
- 10 gouttes de Bois de cèdre
- ½ tasse de vinaigre de cidre
- 3-4 gouttes de savon à vaisselle naturel

Dans un vaporisateur de 16 oz, mélanger les ingrédients. Remplir le reste du vaporisateur avec de l'eau distillée. Bien agiter. Éviter les yeux.

4.18 Allergie chez le chien

Selon le poids du chien :
- 1 à 2 gouttes de Lime
- 1 à deux gouttes de Menthe Poivrée
- 1 à 2 gouttes de Lavande

Vous pouvez utiliser une capsule végétale pour donne l'huile ou mélanger à de la nourriture humide deux fois par jour.

Capsules végétales

4.19 Allergie chez le chat

- 1 goutte de Citronnelle (Lemongrass)
- 1 goutte de Lavande
- 1 goutte d'Encens (Frankincense)
- 5 ml d'huile porteuse

Appliquer 2 fois par jour entre les doigts de pattes et sur le poitrail.

4.20 Poudre pour les odeurs (tapis et coussins)

- ½ tasse de Bicarbonate de sodium
- 10 à 15 gouttes d'huile essentielle de votre choix

Mélanger dans un contenant et fermer. Laisser reposer toute la nuit.

Utiliser aussi sur les tapis, coussins. Laisser agir 25 minutes puis passer l'aspirateur.

4.21 Poudre pour les odeurs (à utiliser sur votre animal)

- 3 cuillères à thé de Bicarbonate de sodium
- 3 cuillères à thé de Fécule de maïs
- 10 gouttes d'huile essentielle de votre choix
- ½ cuillère à thé d'essence de vanille pure (Facultatif)

Mélanger dans un contenant et fermer. Laisser reposer toute la nuit.

Saupoudrer sur votre animal et passer une brosse ou une peigne. Parfait pour les occasions où il est impossible de donner un bain, comme l'hiver par temps froid !

4.22 Shampoing moufette

- 1 litre de Peroxyde d'hydrogène 3 %
- ¼ tasse de bicarbonate de sodium
- 2 cuillères à soupe de savon liquide pour vaisselle
- 2 gouttes de lavande ou de Camomille romaine

Utiliser le mélange immédiatement car il ne se conserve pas. Laver l'animal et répéter au besoin. N'oubliez pas de mettre des gants et de vieux vêtements car l'odeur risque de s'imprégner sur vous !

Références

Frezzo, Mia K. et Jeremias, Jan C. (2016). SpOil Your Pet : A Pratical Guide To Using Essential Oils in Dogs and Cats. U.S.A.

Doterra. (2019). Guide des produits : Printemps 2019. U.S.A.

The Essential Pet. (2018). Essential Educators.

Patterson, Skye. (2018). Essential Oils for Dogs and Cats, Second Edition : Safety Guidelines and Recommendations for Common Healt Issues. U.S.A.

https://imu-blog.com/2016/11/13/therapeutic-essential-oils/

https://draxe.com/essential-oils-for-pets/

https://essentialoilvet.com

Notes

Notes

www.ingramcontent.com/pod-product-compliance
Lightning Source LLC
Chambersburg PA
CBHW070112070426
42448CB00038B/2541